VOUS VOULEZ

QUE LES NOBLES

SOIENT PATRIOTES,

ET VOUS LES OPPRIMEZ!

Les Droits de l'Homme en Société sont la Liberté,
l'Egalité, la Sûreté, la Propriété.
(Art. I de la Déclar. des Droits de l'Homme.)

Aucune loi ni criminelle, ni civile, ne peut avoir
d'effet rétroactif.　　*(Art. XIV.)*

An VI. 1797.

Je désire bien sincèrement d'avoir perdu la priorité sur toutes les idées renfermées dans ce petit écrit ; celle sur-tout de la nécessité d'une garantie pour l'avenir, fondée autant sur l'impuissance de nuire des ex-nobles, que sur celle de leurs oppresseurs ; garantie que réclame l'ordre social, et que demandera la France et l'Europe.

J'avois abandonné cet écrit, et il fut un moment où je ne songeois plus qu'à remplir le conseil que j'y donnois. J'y ai fait peu de changemens, craignant ne plus retrouver l'expression de la première affection de mon ame. Puisse-t-elle me faire pardonner d'être toujours resté au-dessous de mon sujet !

Vous voulez que les NOBLES soient Patriotes, et vous les opprimez!

UN sentiment mélé d'étonnement et d'indignation s'éleva dans mon ame, quand j'attendis qu'on vouloit me priver du droit de cité dans mon pays natal, devenu la terre de la liberté, où je puis dire que seulement alors, j'avois, par un acte formel d'élection, fixé mon domicile. Mais lorsque j'appris qu'on agitoit la question, si l'on chasseroit de la France quatre cent mille individus, entre lesquels dès-lors je ne voyois plus que les victimes innocentes. et sur-tout tant de malheureuses familles des pays réunis, qui n'ont pas même été dans le cas de se rendre coupables d'aucun délit envers la nation française; j'ai été profondément affligé, quoique moi-même je n'eusse pas, comme tant d'autres, à fuir dans une terre inconnue, et à m'inquiéter de mon existence.

En lisant les exemples mémorables d'injustice et de barbarie qui ont souillé l'histoire de l'espèce humaine, et dont les mœurs de nos derniers temps me paroissoient si éloignées, je me suis aussi réjoui quelquefois d'être venu tard. En ces jours, mon imagination a tout-à-coup rapproché l'époque présente des temps de la terreur, quoique je n'en eusse pas été un des malheureux témoins, et j'ai accusé la providence de m'avoir fait vivre trop long-temps. Ah! qui sait quels malheurs sont encore réservés aux nations qui vivent aujourd'hui! Le règne de la terreur fut l'ouvrage de quelques monstres qui sembloient ne pas appartenir à l'espèce humaine; on commençoit sur-tout en France à regarder cet événement comme l'éruption passagère d'un volcan, sur le terrain duquel on n'avoit pas craint de

A 2

rebâtir. Si les deux conseils, si le directoire conster-
noit le monde par un exemple, dont la seule idée effraye l'imagination, et qui seroit le signal du boulever-
sement de l'état social ; si une telle mesure s'exécutoit
en France, de l'aveu (car il faudroit bien que cela fût)
d'une grande partie de la nation ; aujourd'hui, après
que la France s'est donné un gouvernement, et lorsqu'elle dicte des lois à l'Europe, il faut pour toujours
fuir les hommes, et s'enfoncer dans les bois.

Je n'irriterai pas, par mes reproches, ces hommes
injustes, dont la bouche a déja prononcé ce terrible
arrêt ; je croirois compromettre le sort de tant de malheureux, au milieu desquels j'élève ma voix. Je leur
dirai pourtant que si pour être un républicain, il faut
être invariable dans les principes de justice, soit qu'on
la fasse, soit qu'on la reçoive ; s'il lui appartient de
conserver les mêmes sentimens dans la haute et la mau-
vaise fortune, je ne me croirai pas au-dessous d'eux.
Malheur au pays où un pareil discours seroit insigni-
fiant dans la bouche de celui qui le fait, et pour ceux
qui l'entendent ! je n'y croirois plus à la probité.

Je n'ai pas fait aux deux conseils et au directoire, l'injustice de croire qu'une telle mesure emporteroit les
suffrages. Bien de ses partisans même ont, dit-on, re-
culé d'effroi en l'envisageant de plus près. On assure
qu'elle est rejetée ; mais quel avertissement ! quel malheur qu'une pareille idée ait été jetée au milieu d'une
nation où le levain révolutionnaire fermente encore au
point que nous voyons ! et cela, au moment où de
nouveau le signal de la guerre est donné. Non, ce
n'est plus là une idée qu'on peut laisser tomber. Si, dans ce moment on ne persuade à toute la
France qu'une telle mesure seroit sa ruine ; si l'on ne
prouve dès à présent, que dans aucun cas possible,
ce soit celle à laquelle on puisse avoir recours ; que
même l'impossibilité démontrée de l'exécution doit
faire abandonner à jamais une pareille idée ; si ce projet, enfin, n'est frappé de la réprobation générale des
hommes à qui il reste quelque raison et quelque justice, il sera reproduit. Ce seroit sur-tout à craindre, si

l'on ne faisoit rien dans ce moment, ou si l'on ne prenoit pas le parti convenable : celui qui suffit, sans trop passer le but ; le seul qui préviendra la nécessité , et qui ôtera les prétextes d'en proposer de nouveaux. On ne peut donc assez loin écarter l'idée de l'un , et porter trop d'attention au choix de l'autre. Hélas ! pour combien de malheureux les horreurs de l'exil ont déjà commencé , et qui se demandent encore à chaque heure : où irons-nous ?

Il est vrai que la légèreté avec laquelle les hommes, sur-tout en France , oublient les dangers auxquels ils ont échappé , souvent comme par miracle , m'a toujours étonné ; mais l'on verra ci-après les mauvais effets que produira la nouvelle alarme qui a été jetée dans les esprits, si on ne s'applique à les rassurer pour toujours.

Je ne croirai pas aussi avoir perdu mes peines, si à ces hommes déraisonnables, qui ne savent ni mettre une fin à leurs regrets ni les cacher, je puis faire entendre ce qu'ils doivent à leur patrie, à leurs semblables, à leurs amis, à leurs parens , à eux-mêmes enfin ; c'est à eux à rassurer, par leur conduite, les républicains honnêtes , et à imposer silence à leurs ennemis. Je ne m'adresse point aux véritables conspirateurs : ils ne seront pas dangereux lorsque ceux mêmes qui ont été leurs duppes seront garantis de leurs piéges.

Pour disposer les esprits à juger de sang-froid , je commencerai par faire voir que les dangers de toute espèce dont on s'effraye , sont plus qu'exagérés ; quand on sera revenu de cette peur qui, comme on l'a déjà observé, a enfanté tant de fausses et d'atroces mesures, alors on ne verra plus que les funestes effets de celle qu'on propose aujourd'hui. Après que j'aurai dissipé ces terreurs paniques, je ramènerai l'attention sur toutes les injustices qu'elle renferme ; et l'on m'entendra. Je me hâterai de proposer les mesures qui me paroissent devoir atteindre le but , et présenter le moins d'inconvéniens, et qui auront encore de bons effets ; qu'on ne cherche pas, mais qu'on devroit chercher.

Je détruirai ensuite facilement, l'un après l'autre ,

les principaux argumens qu'on a employés pour l'adoption des mesures extrêmes : et j'examinerai les avantages et les inconvéniens des autres projets, qui , dit-on , ont succédé au premier. C'est l'ordre que je vais suivre.

Raisonnablement , il devroit suffire de prouver que le danger n'est pas en proportion avec les maux que causeroit le remède qu'on propose pour s'en garantir ; mais je ferai plus. Je demande d'abord si les ex-nobles ont conspiré du temps de la terreur ? On sait que non. Aussi n'a-t-on pas songé à chasser quatre cents mille individus , et en cela, je n'en dis peut-être pas assez ; ni en chasser la moitié, ni le quart , quoiqu'alors c'eût été battre monnoie. On en a massacré beaucoup pour avoir leurs biens ; on les mettoient en prison pour des motifs semblables ; mais ils n'étoient pas les seuls, et il est connu que la quatrième partie des nobles qui sont en France n'a pas été enfermée. On ne les craignoit donc pas. Hé bien ! qui ne voit pas que le glaive de la terreur est aujourd'hui suspendu sur leur tête. Il le sera tant qu'il ne sera pas évident, constaté par leur conduite invariable , qu'ils ont renoncé à tout espoir de renverser le gouvernement républicain. Telle seroit leur position à présent , quand on ne prendroit pas de nouvelles mesures, où l'on verra un fil si mince soutenir le glaive sur la tête de chaque individu , qu'il rendra immobiles tous ceux qu'il menace.

Je ne vois , à cet égard, à craindre que l'excès de l'effet du remède. On peut étouffer dans les ames craintives et pusillanimes le courage de se défendre eux et les lois, contre l'oppression et les prévarications des agens subalternes. C'est si vrai , que si les mesures particulières qu'on prendroit à l'égard des ex-nobles étoient permanentes, on en feroit une nation avilie , et qui seroit infectée de tous vices bas, et animée des sentimens anti-sociaux qu'on a jusqu'ici reprochés aux juifs.

Mais si la guerre continue ? Je réponds : Les ex-nobles , se cacheront sous terre si les armées républicaines éprouvoient quelque échec. Corrigés ou non, on les verra applaudir à leurs triomphes.

Le grand argument, c'est toujours : Voyez les dangers qu'ils nous ont fait courir. En cela même, on confond les époques, et toujours l'état passé est présenté aux yeux comme présent. Ah ! ce ne seroit rien, et les proscripteurs feroient assez peu d'impression, s'ils ne substituoient aussi d'autres hommes à ceux sur le sort desquels on a à prononcer. Dès lors, on ne voit plus que des rebelles, qui veulent porter le fer et la flamme dans leur patrie ; ce n'est plus qu'une vengeance aveugle qui dicte les lois ; on ne parle que de représailles. Ah ! que le nom de ceux qui en doivent être l'objet puissent n'être plus prononcé en Europe.

Je reviens aux premiers : voyons en quoi ils sont à craindre. On examinera ensuite s'il faut les punir ; pour moi, je ne crains que d'ennuyer mes lecteurs, par des détails trop connus. Dira-t-on que ce sont des auxiliaires toujours prêts à renforcer les bataillons des rebelles ou des puissances ennemies ? Mais qu'ont-ils fait les ci-devant répandus dans le reste de la France, quand il y avoit une Vendée, quand, à Lyon, le peuple étoit soulevé ? On y vit quelques émigrés, voilà tout. Où étoient les autres quand les armées ennemies avoient investi toutes les frontières de la France ; quand, par la possession d'importantes forteresses, elles leur offroient des points de ralliement assurés ; quand de nombreux corps d'émigrés les appeloient à eux, ou les sollicitoient sans doute d'agir, et de faire agir leurs amis, de soulever les peuples enfin ; où ont-ils été lorsqu'il étoit temps de se montrer ?

Un événement assez remarquable, et qui prouve, qu'à présent du moins, que les puissances étrangères ne comptent plus ni sur les émigrés, ni sur les auxiliaires, c'est qu'on renvoie les premiers si loin du champ de bataille. Voilà donc la ligue des ennemis du dehors et de l'intérieur rompue sans retour, et Pitt lui-même quittant la partie. Quand Paul Ier, les

A 4

recèderoit pour grossir les bataillons de l'Autriche ;
leur nullité dans ce moment n'en eût pas moins été
reconnue.

Pour épuiser la matière, il nous reste à peser l'influence politique des ci-devant. Il est peu de gens
à qui j'aurai besoin de prouver qu'elle n'est plus de
nature à mettre la république en danger. Ainsi, je
prouverai à ceux qui désirent qu'ils n'en aient plus
du tout, que c'est fait. J'invite ceux qui ne sont pas
si exigeans ou qui ne s'effraye pas de fantômes, de
passer les deux pages qui suivent.

Reportons-nous aux époques où elle a paru le plus
se faire sentir ; nous connoîtrons les degrés du mal et
ses causes. On cite les combats de vendémiaire de
l'an 4, et la réaction qui l'avoit précédé ; je dis qu'on
se trompe. Cette réaction n'étoit pas encore une réaction nobiliaire, ni royaliste ; mais tout simplement
une réaction naturellement très-forte et presque générale contre les suppôts de la terreur, et qui avoit
été trop malheureusement prolongée ; mais principalement parce qu'à cette époque il n'y avoit point
encore de gouvernement qui pût mettre de la vigueur
et de la suite dans des mesures de répression.

La lutte de vendémiaire qui a suivi et qui a donné
lieu à la ridicule campagne des sections de Paris, s'é-
toit engagé entre deux partis républicains. Dans celui
qui a succombé à cette époque se trouvoient la plu-
part des auteurs de la constitution, desquels le dépit
qu'inspire une défaite, et une animosité, le dirai-je,
bien vive dans le cœur des républicains français, peut
avoir ensuite fait des royalistes ou des sémi-royalistes,
mais qui ne l'étoient pas alors.

J'arrive à présent à l'époque où le royalisme recom-
mence à poindre sur l'horizon et où les émigrés et
les ex-nobles (dont pourtant je m'attendois à voir figu-
rer un plus grand nombre dans les plans de conspira-
tion découverts) reprennent de l'influence. Ici je demande à tout homme de bonne foi, le royalisme au-
roit-il été une puissance en fructidor, si pendant
dix-huit mois une minorité nombreuse, à qui, à peine,

avoit échappé l'empire de la France, dans laquelle se trouvoient des hommes à talens, et qui avoient pour alliés constans tous les mécontens de vendémiaire, si multipliés à Paris, n'avoit fait une guerre ouverte au gouvernement, avec d'autant plus de succès que quelques fautes qu'on pouvoit lui imputer, et tous les maux accumulés depuis six ans qu'il n'avoit pas réparés, fournissoient sans cesse une ample matière à la censure, et si de plus cette minorité n'avoit eu à sa suite un essain de journalistes, qui, prenant leur texte dans ce qui avoit été dit à la tribune, répandoient la calomnie avec la critique sous toutes les formes les plus propres à faire sensation sur tous les esprits, et dont quelques-uns portoient ouvertement la livrée du royalisme, et ont fait croire, au dedans, au dehors, que le gouvernement étoit perdu sans ressource, parce qu'on l'insultoit impunément?

C'est cette minorité puissante, soutenue par l'opinion assez généralement prononcée en sa faveur, qui a fait revivre les espérances des royalistes et relevé leur courage. Faut-il s'étonner, après cela, que les élections du dernier germinal aient porté aux places des hommes, non pas tous royalistes, assurément, mais mal disposés pour le gouvernement.

Ce qui avoit donné le plus de partisans au parti opposé au directoire, c'est qu'on a cru qu'il cherchoit à prolonger la guerre. Certainement aussi, il n'a pas fallu moins d'une majorité décidée dans un des conseils, et soutenue, du moins en apparence, par l'opinion générale, pour produire une scission ouverte dans le directoire, et la défection de ses propres ministres. Il est néanmoins encore à remarquer que cette majorité n'étoit pas pour cela anti-républicaine; ce qui a bien paru dans la question sur la déclaration des prêtres, quoique, sans être royaliste, on eût pu être d'un autre avis.

Le grand problème à résoudre pour les chefs du gouvernement c'est, tranchons le mot; comment fera-t-il pour diriger les élections prochaines dans son sens ? Pourra-t-il , la majeure partie n'y étant pas, conserver néanmoins la majorité dans le corps législatif ? Et comment, s'il n'avoit pas la majorité , se garantira-t-il de ces empietêmes ? On n'a pas été jusqu'à ce moment à se faire ces questions. Ce seroit un grand mal que le directoire perdît son ascendant. Il est même à désirer qu'il ait toujours un peu plus de pouvoir qu'il ne faut pour qu'il puisse d'autant mieux en tempérer l'usage ; pour qu'il ne se serve que de son ascendent.

Je dois retoucher ces questions , mais par malheur la conduite seule des ex-nobles n'en donnera pas la solution.

En attendant, je ne dirai qu'un mot au directoire pour le rassurer sur leur compte : ils ont tout à craindre et tout à espérer de lui. Je puis aussi rassurer ceux qui ne veulent pas qu'ils occupent des places. J'observerai d'abord , qu'après ceux qui seroient exceptés de l'exclusion, j'en vois peu qui soient propres aux places et qui les rechercheront. Je dirai ensuite que la loi du 3 brumaire , exécutée strictement , en écarte déjà un grand nombre et les seuls chez lesquels d'autres intérêts puissent encor balancer celui de leur conservation. Qu'on étende si l'on veut, l'exclusion aux nobles qui , dans les départemens dont les élections ont été annullées , ont été nommés en germinal dernier ; où sans-doute on aura choisi les plus dangéreux. Voilà du moins une conséquence de l'arrêté du 19 fructidor ; conséquence pourtant qui ne doit pas envelopper d'autres que des ci-devant ; parce qu'on ne peut priver du droit de cité, personne, même pour un temps limité ; que du moins , sur une présomption qui équivaut à la certitude. Craint-on encore que les exclus portent aux places d'autres qui pensent comme eux ? Otez-leur aussi pour un temps le droit d'élection : toutes ces précautions ne sont pas bien nécessaires , mais elles seront très-utiles , très-sages, dés-lors qu'elles servent à rassurer les esprits.

Il y a , comme on voit, de la dérision à présenter

comme redoutables ou influens seulement, dans la position où ils seront, les ex-nobles qui restent en France, et principalement ceux qu'il atteindroient, dans ce moment, par bénéfice d'ordre, l'arrêt du bannissement. Ils ne seront, au contraire, occupés qu'à se montrer non-influens, et l'on verra la majeure partie sequestrée de la société : mais on frappe toujours d'estoc et de taille contre un ennemi à qui l'on a fait mordre la poussière.

Jusqu'ici j'ai pu laisser indécis des esprits trop prévenus. Pour persuader à tel homme que les nobles ne sont plus dangereux, il auroit fallu lui prouver que tous ceux qui restent en France, sont les plus chauds républicains, ou que ce n'est plus absolument qu'une troupe d'imbécilles et d'impotens. J'ai pu faire voir que le mal se réduisoit à peu de chose ; mais enfin c'étoit encore un mal. J'ai eu l'air de ne parler que pour quelques hommes ; pour moi peut-être : je vais à présent parler des intérêts de la France. Je ne demande plus : mais son salut, en effet, n'est-il pas compromis ? Je montrerai le vrai danger et le mal ; je montrerai, tout m'en impose le devoir, la France replongée dans le chaos révolutionnaire, et l'Europe entière entraînée avec elle, et se débattant pour échapper à sa destinée.

Retournons en arrière, je me replace au point où j'étois. Nous avons vaincu, nous ne craignons pas les ex-nobles ; mais ils nous importunent ; ils ne seront jamais de bons républicains. Qu'ils s'en aillent donc ; nous ne voulons pas verser le sang, nous n'en voulons qu'à leur fortune. On fera, ajoute-t-on beaucoup d'exceptions ; c'est ainsi que les plus modérés trompent le sentiment secret de leur cœur.

Mais vous tous, qui jamais signerez un seul article de cette loi, vous verserez le sang après avoir dépouillé ou fait tous vos efforts pour dépouiller vos victimes ; vous ruinerez la France, et vous perdrez la république.

Selon vous donc, la France se privera de la moitié de sa monnaie circulante ; telle sera sa pénurie, qu'il semblera qu'elle n'en a plus. Sachez que l'argent se

glissera par toutes les fentes, forcera toutes les bar-
rières, ou sera enfoui dans la terre et réclu dans les
cachettes de cent mille complices. Soit que vous lais-
siez vendre et emporter le fond, soit que vous ne lais-
siez que la disposition du revenu, ou de la moitié du
revenu, tout cela ne sont que des atténuations du mal.
Quand vous confisqueriez les biens fonds; et comment
le pourriez-vous? L'or et le mobilier des proscrits, con-
verti en or, le prix des biens censés vendus avant la
confiscation, tout cela disparoîtroit.

On croira forcer les propriétaires à vendre à vil prix;
qu'est ce que la république gagne à cela ? Mais non,
les proscrits, devenus ennemis irréconciliables, reste-
ront pendant longues années, les propriétaires réels
de leurs biens; dix mille fidéi-commis seront mis sous
la sauve-garde de l'honneur. Quel seroit le malheureux qui ne trouveroit pas entre ses amis un seul
homme qui voudroit lui sauver la vie ? Celui-ci, lorsqu'il ne pourra lui faire passer l'argent sous toutes les
formes, par les canaux du commerce, ou par une
contrebande aussi facile que lucrative pour ceux qui
en feroient le métier; lorsqu'il craindra de trop s'ex-
poser, en gardera le dépôt, et ainsi le dérobera également à la circulation. S'il me trahit, je lui fais perdre
tout le fruit de son crime, et le salaire honorable qui
eût été le prix de sa probité. On se fait gloire de dé-
sobéir à des lois réprouvées par la conscience publique. D'ailleurs, ici, il y aura d'abord intérêt et ensuite nécessité.

Je n'ose présenter un résultat positif sur la perte de
la population que feroit la France ; elle ne se bornera
pas à la masse des proscrits. Qu'on songe seulement
que chaque famille laissera quatre ou cinq personnes
sans pain, dont un tiers hors d'état d'en gagner dans
la suite. La moitié de ces gens demanderont à suivre
leurs anciens maîtres, soit par affection ou par besoin.
Il faut les laisser aller, ou couvrir la France d'hôpitaux
pour recueillir ces hommes que vous aurez condamnés
à mourir de faim. Ensuite, la misère frappera le dernier coup mortel à la population de la France, en
étouffant une partie de la génération future.

Chaque nouvelle conséquence qui se présente à l'esprit l'étonne davantage que celle qui l'avoit frappé précédemment. Qui saura calculer les effets de la cessation subite des demandes des quatre cent mille des principaux consommateurs ? Qui ne sait pas que toute notre industrie sociale est fondée sur les échanges, mesurés sur nos besoins réciproques. L'industrie des villes sera morte à l'instant, les habitans des villes appauvris consommeront moins, et les cultivateurs seront tentés de briser le quart des charrues.

Quel sera l'homme qui jouit de quelque fortune, qui osera encore faire quelque dépense, et qui ne cherchera pas à soustraire, autant qu'il pourra, sa fortune aux recherches des spoliateurs, qui succéderoient les uns aux autres. On fera passer en pays étranger tout ce qu'on pourra ; voilà comme bientôt on ne verra plus un écu ; voilà de nouveau le papier monnaie, les perquisitions pour découvrir l'or. Enfin, je dis que celui qui proposera une telle proscription, doit proposer dans six mois la loi agraire, non-seulement par une conséquence de principes, mais entraîné par la pente des choses et l'impérieuse nécessité.

Rassemblez l'effrayante série de ces résultats désastreux, et puis passez aux horreurs dont l'exécution de cette proscription, jusqu'ici sans exemple, sera accompagnée !

Qu'on se représente d'abord les agens du gouvernement aux prises sur toute la surface de la France, avec des milliers d'individus de tous les états et d'hommes les plus estimés, à qui les malheureux auroient confié les débris de leur fortune ; la rapacité des uns torturant l'humanité ; la charité, la probité des autres. En seroit-il assez des premiers ? Sans une guillotine ou permanente dans chaque canton, aucun agent ne viendroit à bout d'exécuter une seule disposition de l'arrêt, après même qu'on fût parvenu à exécuter celle de l'expulsion.

Le plus grand nombre des proscrits, convaincus qu'ils seront que leurs biens seroient également perdus, ne partiront pas. Telle sera encore la résolution de ceux qui n'auront point ou peu de fortune, et des vieillards et des femmes qui détermineront leurs maris. et leurs proches, à braver une loi inexécutable. On ne croit pas du moins qu'on mourra de faim dans sa patrie, au milieu de ses amis, des connoissances de toute sa vie, résigné à redemander un morceau de pain à quelque ancien serviteur. Si l'on fait grâce aux femmes, aux vieillards, ils seront les régisseurs de leurs parens. proscrits, en attendant qu'ils aient pu faire passer en pays étranger le reste de leur fortune. Que fera-t-on de tant de victimes innocentes, qui tendront le cou, résolus de mourir du moins, ou de mendier leur pain dans leur terre natale.

On fut occupé en Espagne pendant plusieurs années au transport des Maures. Ce spectacle fit horreur, quoiqu'on ne vît en eux qu'une race d'hommes presqu'étrangère aux autres habitans, et auxquels des préjugés dignes de ce temps faisoient qu'on s'intéressoit peu. A la proscription succédéra aussitôt une désertion générale, et il faudra employer autant de violences pour retenir ceux qui voudroient fuir, que pour expulser les autres. Non, l'imagination ne peut atteindre à l'horreur des scènes qu'on verra.

C'est le propre des mesures violentes d'en provoquer toujours de plus violentes, et de porter leurs. auteurs jusqu'à la rage, par la résistance qu'elles éprouvent.

Vous aurez réduit à la mendicité des milliers de familles de tous états; la France aura perdu sa population, son argent, sa richesse mobiliaire, son industrie; la république sera l'épouvante du genre humain, et le trésor public n'aura pas même gagné quelque chose à tant d'atrocités. Si vous ne frappez toutes les victimes à la fois, celles qui n'attendent que leur tour, profiteront du temps que vous leur laissez pour dépayser leur fortune; d'ailleurs vous ne trouverez pas un acheteur pour les biens des proscrits. A-t-on acheté les biens des condamnés ? Le jugement de quelques vrais coupables qui s'y étoient trouvés, pouvoit faire croire que les autres seroient maintenus. Ces condamnés étoient morts, et il a été dit qu'il n'y a que les morts qui ne reviennent pas. Les vivans que vous aurez expulsé reviendront, et cette fois non pas comme les champions des rois et de l'aristocratie, mais comme les vengeurs des droits de l'homme. C'est votre bannière triomphante qui marchera à leur tête, et sous elle se rangeront tous les hommes qui veulent continuer de vivre en société. Vous n'avez plus de choix, vous devez exterminer vos ennemis. Une Saint-Barthélemi générale doit être le signal de la guerre.

Français ! qui que vous soyez, je vous demande pardon d'avoir affligé des ames humaines, par l'aspect d'un tel tableau, mais dans lequel j'ai dérobé à vos yeux bien des traits hideux. Ah ! puissiez-vous n'en jamais perdre le souvenir ! puisse-t-il se retracer dans votre esprit toutes les fois qu'on osera prononcer le mot de proscription !

On vous a dit qu'on ne choisira qu'un petit nombre de victimes ; on vous trompe. Jamais une injustice publique ne s'est arrêté où elle a commencé. Le premier exemple est une invitation à une seconde, et semble en garantir le succès et l'impunité, jusqu'à ce qu'enfin parcourant rapidement le cercle, elle retombe sur la tête du premier auteur. On vous trompe, vous dis je ; l'ordre de succession entre les victimes est marqué. Et cependant quel seroit l'homme qui eût compté les dernières ! S'il n'y a que des membres de comités révolutionnaires qui puissent avoir ce coup-d'œil ; ceux-là, sans doute, dévorent déjà les nouveaux riches. Quelle occasion ! quel texte pour eux ! Leur règne affreux est marqué du jour qu'une loi de proscription aura passé dans les conseils.

Je ne puis m'empêcher de témoigner mon étonnement à ces hommes qui vantent les lumières du siècle, qui s'enorgueillissent du nom de philosophes, et qui discutent froidement sur de telles mesures. Puisqu'ils se défient, sans doute, de leur sentiment, j'espère d'achever leur conviction, en appelant à l'expérience des siècles, et à des arrêtés prononcés par eux-mêmes.

Ont-ils donc oublié que l'expulsion des Juifs sous Isabelle et Ferdinand ; celle des Maures sous l'imbécille Philippe III , le même qui , étant maître du Potosi , fut obligé de faire de la fausse monnoie ; que la persécution qui , sous Louis XIV , fit fuir quelques cent mille protestans ; mais que, du moins, plus avisé en cela , il vouloit retenir ; que ces traits fameux d'un despotisme aveugle ont été également frappés d'anathême par la politique comme par la philosophie , et qu'elles ont été en exécration dans la mémoire des siècles , et le sont encore dans celle de toutes les nations.

On a aussi voulu s'appuyer d'autorités. J'aurois cru superflu de relever les citations qu'on a faites , si l'on n'en connoissoit le danger auprès tant de gens si avides d'instruction en ce genre. Quelques-uns ont cité les déportations d'Irlande. Ici c'est Cromvel qui est leur maître ; mais c'est Cromvel punissant les massacres commis sur les protestans , et ne voyant dans l'Irlande qu'un pays conquis , et à tenir dans la sujétion de l'Angleterre. Il est resté dépeuplé. Quant aux loyalistes des Etats-Unis , ils étoient précisément ce qu'ont été en France les émigrés ; ils avoient les armes à la main ; mais le plus grand nombre s'étoit déjà enfui , craignant les représailles. L'Amérique ne regarde pas moins cet événement comme un malheur.

Ce n'est pas , je pense , sous le rapport de la justice que feront autorité les traits d'histoire , qui pourroient le moins du monde être assimilés à l'exemple dont il s'agit ; mais j'examine sur - tout les conséquences qu'ont eues des événemens du moins semblables , pour qu'elles servent de leçon (du petit au grand) à ceux qui croient que tout est juste , ce qui est utile. J'ai montré celles qu'auroit l'opération dont on a menacé la France , et sous ce rapport , cet exemple seroit sans exemple.

J'en puis citer qui sont encore plus particulièrement adaptés à la matière. Pour épargner à mes lecteurs le détail de choses qu'ils savent , je me contenterai de leur rappeler seulement les funestes combats de l'aristocratie et des partisans de la démocratie dans la Grèce et à Rome, jamais terminés, malgré les massacres et les proscriptions tour-à-tour ordonnés par les vainqueurs ; combats interminables dans ce monde, par des moyens de destruction, tant qu'il sera impossible qu'elle ne s'étende dans le même instant sur tous les points du globe ; combats qui recommenceroient entre les vainqueurs, après que tous les nobles auroient été exterminés sur la terre. On se rappellera aussi que ces violentes luttes ont toutes fini jusqu'ici par l'asujettissement des contendans au despotisme d'un seul ou d'une puissance étrangère. Si la France est à l'abri de ce dernier danger, il n'en est pas de même des nouvelles républiques qui viennent de naître sous ses auspices.

Je citerai quelques exemples plus modernes, qui présentent, dans l'histoire des nobles, des contrastes dignes d'attention. Pendant cette longue anarchie de l'Italie, dans le moyen âge, les nobles furent chassés à plusieurs reprises de beaucoup de villes, qui furent souvent le théâtre des plus horribles massacres ; mais les nobles y rentrèrent toujours, le plus souvent appelés par d'autres mécontens, et ils reconquirent leur rang en même temps que les biens qu'on leur avoit ravis.

D'un autre côté, on a vu dans la plus grande partie des provinces de la Hollande la prééminence des droits politiques des nobles réduits, sans combat, à très-peu de chose, et même, dans la Zélande, les familles nobles, renoncer solemnellement à leur état. Un autre exemple a fourni la Suisse, où les nobles sont confondus avec les autres citoyens des villes.

On remarque qu'en général, c'est dans les pays où il n'y a pas eu de luttes violentes, qu'elle a successivement perdu le plus de terrain. Comparez l'Angleterre à la Hongrie, où deux fois il y a eu des jaqueries. Les pays où le peuple n'a pas même le désir de changer d'état, font exception dans la nature, et ne prouve ni pour ni contre. Au surplus, voici seulement la conséquence que je veux tirer de ces observations : c'est que la raison détruira par-tout ailleurs plus ou moins le pouvoir de la noblesse, où l'on ne sera pas injuste, où l'on ne voudra pas être barbare envers elle. Assurément il ne faudra plus de canons et de proscriptions à l'avenir pour tenir les nobles ou ex-nobles en respect, et soumis aux lois des pays où ils vivront. J'en espère mieux encore.

Hommes sages! républicains de tous les temps, qui l'étiez avant la victoire, et qui pour cela l'êtes encore, faites cesser ces combats à mort, ne mettez pas même vos ennemis dans l'alternative de combattre toujours, ou d'être éternellement opprimés; mettez un frein à cette fougue des révolutionnaires qui nous menace aujourd'hui, et qui vous perdra demain, qui ne permettra jamais que rien subsiste six mois dans le même état.

Dans une république ancienne, je ne sais laquelle, celui qui proposoit l'abrogation d'une loi, devoit se présenter dans la place publique, la corde au cou; si la nouvelle loi étoit rejetée, il étoit mis à mort. Soumettez à une chance du moins semblable, celui qui, au mépris des lois de la justice éternelle, proclamée à la face de l'univers dans votre déclaration des droits de l'homme, proposeroit une condamnation en masse, où le coupable seroit confondu avec l'innocent, l'intention avec l'action, par laquelle les plus légères fautes seroient punies ainsi que les crimes; celui, enfin, qui proposeroit une loi qui recréât des castes, des sectes, des péchés originels. Ordonnez que si elle ne passe pas, il perdra pour vingt ans le droit de cité.

Vous avez dans ce moment une loi à faire, où il y a bien des écueils à éviter; du moins hâtez-vous de faire disparoître les traces de cet épouvantail qu'on vient d'élever, qui feroit de tous ceux qu'il menace de secrets conjurés, et qui produiroit une nouvelle coalition en Europe. Prenez garde qu'on ne dise que vous n'avez fait que le cacher, que vous avez ajourné la grande question.

Les nobles sont à la tête des gouvernemens, et cette classe d'hommes se fond aujourd'hui en beaucoup de pays, de plus en plus dans la classe générale des habitans distingués par leur fortune, ou même par leurs talens. C'est déjà un effet de la révolution. Tous se croiront menaces : les premiers n'étoient pas ceux qui faisoient des vœux les moins ardens pour la paix ; mais ils comprendront qu'il ne s'agit plus de la conservation de priviléges, mais de toute leur existence. Les autres voyant la maison du voisin brûler, courront au feu. Quel spectacle enfin ! quelle leçon seroit pour eux tous la proscription des ex-nobles des pays réunis et de ceux nouvellement constitués en république. Voilà donc une nouvelle guerre, plus terrible que celle qui a été illustrée par de si grands événemens, mais qui a produit de si grandes scènes d'horreur ; et l'on verra dans le monde entier tous les élémens de la société en combat.

Directoire, vous avez juré que, le 18 fructidor, vous avez sauvé la république ; la France a juré que vous avez dit la vérité : jurez que vous ne cesserez d'opposer votre puissance morale à toute loi générale de proscription ; jurez que vous en démontrerez l'inutilité par l'usage que vous ferez des pouvoirs que la constitution vous donne, et du nouveau pouvoir dont vous serez investi ; que vous ferez voir le contraste de la loi qu'on craignoit et de la loi qu'on aura faite ; vous aurez deux fois sauvé la république ; vous jouirez enfin de la gloire d'avoir fixé irrévocablement son gouvernement !

La garantie, citoyens législateurs, que j'ai demandée contre le renouvellement de toutes propositions de proscription, ou de punition en masse, doit reposer et sur la sûreté de la république et sur celle des individus menacés. Les mesures que vous adopterez doivent donner ce double avantage. Il faut donc bien prendre garde qu'en voulant trop faire, dans un sens ou dans l'autre, elles ne se contrarient de manière à détruire réciproquement leur effet.

La sûreté de la république est avant tout, il ne faut pas se le dissimuler, dans la force de son gouvernement, et s'il n'étoit pas là, inutilement on la chercheroit ailleurs. Il est, comme d'autres l'ont fort bien observé, en partie dans les qualités personnelles de ceux qui le composent aujourd'hui. Les nouveaux gages de sûreté ponr la république, qu'on pourroit demander raisonnablement contre les ennemis qu'on désigne dans ce moment, se trouvent dans les mesures que j'ai déjà indiquées pour éloigner des fonctions publiques, par une application analogique de la loi du 3 brumaire, les hommes que du moins on auroit raison de craindre le plus, par où on peut même les écarter des assemblées du peuple.

N'est-on pas content? qu'on donne pour un an au directoire voix d'exclusion à l'égard de tout ci-devant noble ou annobli porté aux fonctions publiques, ou qu'il croiroit indigne d'exercer ses autres droits politiques ; mais une fois admis, sa réhabilitation doit être irrévocable. Si dans un an d'ici vous n'êtes pas rassurés, continuez le même pouvoir au gouvernement. Si les conseils, composés nécessairement de républicans, laissoient disparoître ce signe d'une réprobation trop générale, que dès - lors ils auront jugé inutile, ils auront encore mieux mérité de la patrie que ceux d'aujourd'hui en l'imprimant. Jamais les républicains n'auront été plus grands, jamais ils n'auront donné une plus belle leçon aux privilégiés de toutes les nations que le jour où les circonstances leur permettront de réintégrer tous les français dans leurs droits civiques.

Quand vous aurez mis entre les mains du directoire une arme aussi puissante, les recherches sur la conduite de tant d'individus deviendront inutiles : inquisition odieuse, peu sûre, qui ouvrira la porte à la corruption ; qui deviendra un instrument d'animosités personnelles, et sera la source de haines éternelles : car quel homme pardonnera à ceux qui l'auront flétri ou voulu flétrir justement ou injustement. Si après cela le gouvernement n'obtient pas des élections dans son sens ou, pour mieux dire, si l'on ne choisit pas des républicains, ce n'aura pas été la faute des nobles.

Confiez encore, s'il est nécessaire, au gouvernement, aussi pendant une année seulement, le pouvoir

voir de faire sortir, pour un temps, du territoire français, un ex-noble à qui il n'aura pas déjà donné tacitement un brevet de civisme. Voilà aussi la plus forte mesure de sûreté de police qu'un gouvernement puisse avoir à sa disposition. Le gouvernement anglais se contente, dans les momens de péril, de la suspension de l'*habeas corpus.*

Ces mesures sont préférables aussi à toute autre, en ce qu'on n'inflige pas des peines en masse ; elles donnent seulement à quelques hommes pour un temps un autre juge, plus clairvoyant, plus impartial même que les juges ordinaires, ou que ceux qu'on veut leur donner dans ce moment : s'il se commettoit une injustice, elle ne retombera que sur des individus ; mais je dis que je leur donne un juge plus impartial : dans les départemens où les ex-nobles sont mal vus, ou bien où les administrateurs sont leurs ennemis, on sera injuste ; dans les autres, on admettroit peut-être des hommes dangereux ; d'ailleurs, en leur appliquant l'exclusion, le directoire n'est censé les juger que sur leur conduite actuelle. Il ne les jugera pas non plus sur des faits négatifs. Vous ! en rejetant tel ex-noble, retiré dans son département, qui ayant peu d'ambition, n'aura pris, soit par préjugé, soit par haine pour l'intrigue, soit par timidité, aucune part active à la révolution, vous tuez peut-être civilement à jamais un des hommes les plus estimables de son canton ; espèce d'hommes dont aujourd'hui il ne peut y en avoir trop dans les assemblées.

Faites attention que le directoire se trouve placé à une élévation qu'une injustice préméditée de sa part ne peut tomber que sur peu de gens. Je soutiens que jamais un homme dont la probité sera connue, et qui s'élèveroit courageusement contre l'exclusion qu'on auroit prononcée contre lui, manqueroit d'obtenir justice.

Toute autre mesure ne serviroit qu'à nourrir cette aversion, qu'on suppose aux ex-nobles pour la république. Le moyen que j'indique en fera de bons citoyens, je ne dis pas de tous : les bons citoyens sont

B

ils donc si communs ? Mais il faut qu'ils n'aient pas à craindre pour leur existence, pour tout ce qui peut faire tenir l'homme à sa patrie. Pour cela, j'insiste sur une garantie nouvelle pour eux : celle des ex-nobles, en particulier, sera en partie dans les précautions mêmes qu'on prendra dans ce moment à leur égard ; mais il ne faut pas qu'elles soient humiliantes, tyranniques ; dès-lors, elles produiront l'effet contraire. La garantie générale que je veux est la même que demandent les propriétaires des terres, les négocians, les rentiers, tous les hommes qui sont las de révolutions, la république enfin.

Le mouvement d'indignation qui s'est élevé dans l'ame des plus chauds républicains, à la vue du projet de proscription, le cri public qui y a répondu aussi-tôt, a dû consoler les hommes qu'avoit consternés cette conception malheureuse. Cet événement a bien prouvé que l'humanité n'est pas éteinte dans l'ame des Français ; il a confirmé la vérité, que les hommes se prononçant par une impulsion commune, quand ils ne suivent que leur propre instinct, sont toujours justes. Grâces soient rendues aux hommes courageux, qui, fixant leurs regards sur la multitude étonnée, ont vu qu'il ne falloit qu'un signal pour donner l'essor à cet élan, qui honorera éternellement la nation française ! Mais ne manquons pas l'instant d'en recueillir les fruits pour la république.

Je demande, dans ce moment, avec confiance, une loi qui détruira le germe de toutes les lois révolution-naires. C'est une peine contre le moteur de toute proscription ou punition en masse, si la mesure qu'il propose est rejetée (1) ; cette loi ainsi bien définie et caractérisée, doit même frapper l'auteur, si la proposition passoit au conseil des cinq-cents. Toutes les chances doivent être contre l'auteur d'une loi qui n'est jamais qu'une déclaration de guerre de citoyens à citoyens. Les sophismes spécieux des passions peuvent plus ai-

____

(1) Voyez page 18.

sément qu'on ne pense , envelopper dans une condamnation générale une masse de citoyens où l'innocent
seroit confondu avec le coupable. La révolution en a
fourni plus d'un exemple. La peine sera encourue lorsqu'un des conseils aura prononcé que la proposition
est contraire à la loi de garantie d'une telle date ; la
discussion s'ouvriroit sur cette question préalable , lorsque la demande en seroit faite par trente membres au
conseil des cinq-cents , ou par vingt à celui des anciens. On jetera en avant, dira-t-on, un enfant perdu :
dès-lors la motion est jugée. Au surplus, faites toujours
connoître à l'Europe que vous ne voulez plus de lois
révolutionnaires.

La pitié a , sans doute , égaré bien des membres du
conseil des cinq-cents , qui ont voté pour faire décla-
rer étrangers les ex-nobles au milieu de leur patrie ; ils
ont cru qu'on ne pouvoit plus leur sauver la vie et les
biens qu'en les tuant moralement ; ils ont à se repro-
cher de n'avoir pas plus présumé de la justice , ou si
l'on veut, de la générosité de la nation. Point de demi-
courage, d'autres diront peut-être aussi : point de demi-
justice ; mais quelques dispositions particulières à l'é-
gard des nobles, sont justes , dès qu'elles sont rigou-
reusement nécessaires : si celles que je propose sont
injustes , c'est alors que leur application sera très-rare.
Qu'on ne fasse rien de trop dans ce moment , ces dispositions même disparoîtront bientôt.

J'appelle de la résolution du conseil des cinq-cents
au conseil lui-même , plus rassuré sur le vœu public et
sur les dangers de la France. Le premier défaut du nouveau projet , c'est qu'on ne conçoit pas ce que pour
l'objet qu'on a en vue , en permettant même qu'elle
s'étende un peu loin , il fait de plus que tout ce qui
est indiqué par la voix publique , il a un caractère de
dureté , d'injure , de vengeance , qui seul devroit la
faire rejeter ; et ceux qui ne veulent pas que cette loi
soit une provocation à d'autres mesures , l'abandon-
neront.

Ce décret sera peut-être reçu , dans le moment ,
comme un bienfait par ceux qui trembloient de perdre

tout ce qui peut faire tenir l'homme à la vie. D'autres le recevront avec assez d'indifférence. Je ne les consulte pas. C'est aux législateurs à prévenir précisément cette insouciance, qui, au surplus, n'est nullement un trait caractéristique des nobles; et pour s'en convaincre, on n'a qu'à compter les voix des assemblées du peuple. Il faut donc laisser un aliment à l'amour de la patrie.

Quelle que soit la manière dont cette mesure seroit envisagée dans ce moment par les intéressés, il n'aura que de mauvais effets, tandis qu'on peut, d'une autre manière, en obtenir de très-bons. Un grand mal, c'est qu'il met obstacle à ce qu'on fasse ce que je regarde comme bien plus instant. Il empêchera de se prémunir contre d'autres dangers. De plus, ce décret ne seroit que le préambule d'une législation toute particulière qui va s'établir pour les nobles. Ce sera, pour eux, le code noir.

La noblesse, car enfin vous avez recréé une noblesse, se regardera comme étrangère à la France; alors vous la punirez de son indifférence ou de sa malveillance, que vous supposerez toujours. En effet, vous! qui me haïssez, qui me condamniez à l'exil, à la misère, à la mort peut-être, sans me connoître: vous! qui, à présent, ne m'offrez que l'esclavage, comment ne vous haïrois-je pas! Si je vous pardonne, c'est un grand sacrifice que je fais à la patrie. Les ex-nobles ne croiront pas qu'on puisse encore être juste à leur égard. Ce sera une classe particulière d'hommes qui n'aura pas de représentans, et croira n'avoir plus de défenseurs. Il savent qu'on saisira tous les prétextes pour les vexer en masse et individuellement. Que peuvent-ils faire? Vendre leurs biens et s'en aller. Si vous les en empêchez, autre violation de la constitution. Lisez l'art. 330, titre 12. Remarquez donc combien il est instant, après les avoir menacé, de les rassurer.

Mais voyez comme on vous égare de différentes façons, et comme l'intention de tous est trompée. Ou es nobles s'aviliront et ne se livreront qu'à la dissipation; ce sera une classe d'hommes corrompus, et

dont les mœurs jureroient sur-tout avec l'éducation
que vous vous proposez de donner au Français républicains. S'ils savent se respecter ; si, à raison de ce
qu'ils sont plus en évidence, leur conduite est plus
circonspecte ; s'ils se font remarquer par leur modé-
ration, leur justice, leur bienfaisance : et ces hommes
ne seront pas si rares que vous pensez dans les provinces . vous en ferez une grande famille d'émirs qui
seroit en vénération aux générations futures. Prenez-y
garde , dans les momens de mécontentemens , tout le
monde aura les yeux fixés sur eux.

Je ne crois pas me tromper en vous annonçant que
l'année prochaine , on demandera leur réhabilitation ;
nouvelle convulsion ; tandis qui si vous voulez , leur
nom ne sera plus prononcé. Voilà les premières conséquences de la loi. Permettez-moi à présent de fixer
un moment votre attention sur les peuples nombreux
des nouveaux départemens, et particulièrement sur les
neuf départemens de la ci-devant Belgique , et les pays
adjacens.

Il n'est pour les conquérans que deux manières pour
s'assurer de leurs conquêtes , c'est de réduire le peuple conquis à l'esclavage ou de l'attacher par des bien-
faits. L'esprit du siècle ne permettoit plus d'avoir
recours au premier expédient, le plus dangereux d'ailleurs aujourd'hui , lorsque toutes les puissances n'é-
pient que le moment de profiter des fautes des autres ;
aussi avons-nous vu les plus fiers despotes traiter plus
favorablement les provinces conquises, que leurs anciens sujets ; ils laissoient aux premiers leurs priviléges , leur religion , leurs usages.

Pour assimiler la Belgique à la France , il a fallu non
pas graduellement, mais à la fois et au moment où elle
étoit écrasée par tous les fléaux de la guerre , accu-
muler tant de maux , qu'il n'est point d'individu qui
n'ait beaucoup souffert. Peu de Belges , d'ailleurs , ont
profité de la vente des biens du clergé , et ces biens
ne formoient pas là comme ailleurs , en grande partie ,
le patrimoine des nobles. Je n'entrerai pas dans d'autres
détails.

L'homme raisonnable, et qui veut le bien de son pays, conseillera aux Belges de faire le sacrifice du souvenir de leurs pertes à leur patrie ancienne et adoptive, et à leur sûreté personnelle ; il leur montrera dans les espérances de l'avenir la compensation des maux présens ; il cherchera à les prémunir contre les insinuations trompeuses des puissances étrangères, auxquelles il est bien indifférent que les Belges soient traités en esclaves ou en rebelles, pourvu qu'ils ne soient jamais Français ; mais faut-il gratuitement, et sans aucune compensation d'utilité pour la république, grossir toujours le nombre des mécontens. Quel gouvernement a jamais pris pour maxime de rendre étranger dans leur patrie les hommes les plus notables du pays conquis ? Les ennemis de la France vous payeroient pour cela, et pour qu'on en fasse autant dans tous les pays républicanisés. Les ci-devant nobles ne sont pas mal vus dans la Belgique, où leurs priviléges n'étoient à peu près qu'honorifiques, et où l'on ne connoissoit pas de vexations de leur part, parce qu'ils étoient jugés par des hommes qui ne pouvoient être leurs complices.

Le temps me presse ; je conclus en vous disant que vous allez retomber dans le même cercle de contradictions, d'injustices et de violences, et rassembler enfin sur la France tous les maux dont je vous ai déjà présenté le tableau. Que de dangers ! que d'efforts ! pour si peu de profits !